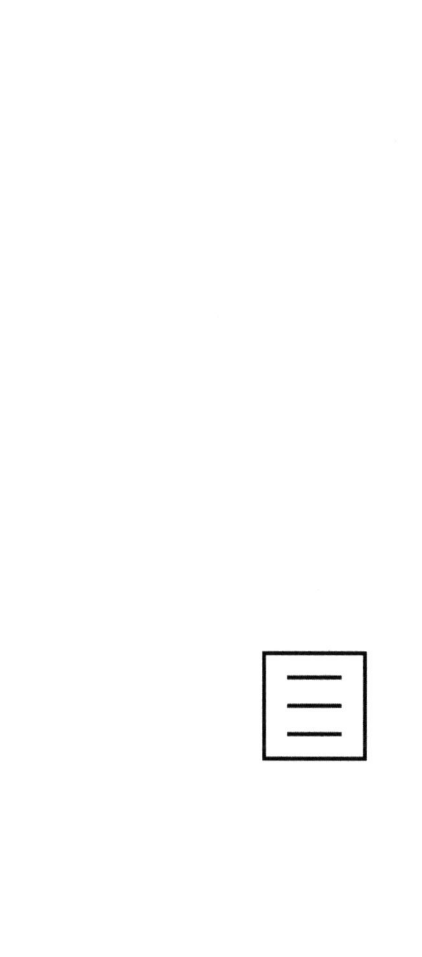

Deniz Ohde

Gedankenspiele über das

Geheimnis

Literaturverlag Droschl

An einem gleißend hellen Tag kurz vor den Sommerferien fanden eine Freundin und ich – wir waren sieben oder acht Jahre alt – auf dem Heimweg von der Schule drei tote Küken auf dem Gehweg der Straßenkreuzung, an der wir uns für gewöhnlich trennten. Es müssen kleine Mauersegler gewesen sein, beim Blick nach oben entdeckten wir unter dem Dachvorsprung ein verwaistes braunes Nest. Die Küken waren zum Zeitpunkt ihres Todes wahrscheinlich nur wenige Tage alt, sie waren sehr klein und von einem grauen Flaum überzogen, unter dem ihre weiße Haut hindurchschimmerte. Wegen der trockenen Hitze, die schon seit einigen Tagen herrschte, waren ihre Körper verdorrt, seltsam geplättet, als wären sie unter ein Rad gekommen, und hatten mit lebendigen Küken nichts mehr gemein, eher schienen sie wie zweidimensionale Abziehbilder, die wir von der Straße auflasen. Wir einigten uns darauf, dass ich sie mit nach Hause nehmen und beerdigen würde. Damals bemühten wir uns sehr um Tierschutz und versuchten darüber hinaus, alles Lebendige um uns herum mit größtem Respekt zu behandeln. Nachdem wir schon die aufgesprungene Rinde einer Kastanie auf unserem Schulhof mit einer selbst zusammengerührten »Salbe« behandelt hatten, den Jungs Schläge androhten, wenn sie im Vorbeigehen Blätter von Hecken abrupften, und regelmäßig an einen Verein zur Rettung der Nashörner in Südafrika spendeten (wir steckten ein paar Pfennige unseres Taschengelds in Umschläge und schickten sie an die Privatadresse eines Jungen in Schweinfurt, der es angeblich weiterleitete – etwas zwielichtig, im Nachhinein betrachtet), war es nur folgerichtig, dass wir uns für ein pietätvolles Ritual der zu früh aus dem Leben geschiedenen Küken verantwortlich fühlten. Ich legte die drei in einen Umschlag, den ich aus einer Seite meines Mathehefts gefaltet hatte, und trug sie nach Hause, wo ich sie zunächst vor den Augen meiner Eltern in der Höhle unter meinem Hochbett verbarg. Ich wollte den nächsten unbeobachteten Moment nutzen, um sie auf dem Rasenstück hinterm Haus zu vergraben.

Aber ich tat es nicht. Immer, wenn ich die Küken aus ihrem Versteck unter einem Kissen hervorholte, trug ich sie nicht nach draußen, sondern starrte sie bloß wie gebannt an und entschied, die Beerdigung auf einen anderen Tag zu verschieben. Weil sie wegen der heißen Sommertage auf dem Asphalt kein Wasser mehr in sich trugen, waren sie wie Dörrfleisch vor der Verwesung geschützt. Weder meine Eltern noch meine Freundin wussten, dass sie unter meinem Bett versteckt lagen. Ich machte eine Heimlichkeit daraus, hinter den Vorhang zu kriechen und sie zu betrachten wie einen Schatz, ohne zu wissen, wieso. Nicht mal meinem Tagebuch vertraute ich sie an – ein rosa Buch, abschließbar mittels individuell gefertigtem Schloss, auf dem Umschlag warnte ein Aufkleber über der Zeichnung einer Diddl-Maus in Amorkostüm in lila Schrift: *Top Secret*. Neben Aufzeichnungen über meinen Alltag und meine innersten Gefühle notierte ich darin auch »verdächtige« Beobachtungen für meine Detektivarbeit. Es passierte nicht viel, bis auf den roten Peugeot, der regelmäßig in meiner Straße parkte und den ich mir als Objekt meiner Observationen ausgesucht hatte. Ferner fand sich in dieser

Höhle eine Taschenlupe, ein Stück Plastik, auf dem ich einen fremden Fingerabdruck vermutete, sowie der alte Feldstecher meines Großvaters.

Die Küken waren etwas anderes. Ich wunderte mich über mich selbst und war gleichzeitig entzückt über diese Heimlichkeit. Sie war zu einem Raum geworden, an dem sich die verschiedenen Arten des Geheimen miteinander verbanden.

Jedes Kind beginnt irgendwann damit, Dinge vor anderen – insbesondere den Eltern oder anderen engsten Bezugspersonen – geheim zu halten. Schon vor der Pubertät, die gemeinhin als die Lebensphase der Abnabelung gesehen wird, drückt ein Kind einen Gegenstand oder eine Erinnerung an sein Herz und entscheidet: dieses gehört nur mir. Zuallererst verschweigt es vielleicht die Erlebnisse im Kindergarten, die Regeln der Spiele, die es sich mit Gleichaltrigen ausdenkt, die Tagträume, in denen das Fliegen möglich ist oder die Einöde der Vorstadt sich in ein Schlaraffenland verzaubert, in dem der Boden aus Marshmellowmasse besteht. Dann verwandeln sich die Spiele langsam in Ernst. Das Kind betrachtet sie plötzlich als eigenen Lebensbereich, der die Erziehungsberechtigten nichts mehr angeht. Dann verrät es den engsten Freunden nichts über die erste Verliebtheit, behält auch die Nachtträume für sich, schließt die Badezimmertür ab, legt ein Heft an, das nur für die eigenen Augen bestimmt ist, begibt sich in Zwiesprache mit sich selbst, lässt die Jalousien herunter, damit draußen keiner sehen kann, dass es bis spät in die Nacht wach liegt. Der Grundstein des Ichs ist gelegt.

Das Geheimnis ist ein entscheidendes Moment der Individuation. Es schafft einen Raum, in dem der Mensch ganz für sich ist, einen Bereich, der nur ihm gehört und zu dem andere keinen Zutritt haben. Das Geheimnis, das ein Mensch mit sich selbst hat, ist ein Mittel der Selbstvergewisserung. Einem Teil dessen räumen wir unter dem Begriff Privatsphäre einen hohen Stellenwert ein. Es gibt Gesetze zu ihrem Schutz. Die Unverletzlichkeit der Wohnung ist eines; es garantiert, dass sich ohne Einladung nur Zutritt verschaffen darf, wer einen richterlichen Beschluss in Händen hält. Die Wohnung ist wie das Hoheitsgebiet einer Person, hier regiert nur sie selbst, hier stellt sie die Regeln auf, und es ist egal, ob das schiefe Gemälde an der Wand oder die Frequenz der Mülleimerleerung anderen gefällt, »das geht niemanden was an«, sagen wir dazu, und die zwischenmenschliche Konvention, der Anstand verbieten es uns, in einem unbeobachteten Moment die Sockenschublade der Person zu öffnen, bei der wir gerade zu Besuch sind. Was wir privat nennen, ist nicht immer gleich geheim, und doch ist beides miteinander verwandt. Der Inhalt unserer Sockenschublade würde uns vielleicht, sollte er öffentlich bekannt werden, nicht wie die Lüftung eines großen Geheimnisses vorkommen, aber er wäre uns womöglich unangenehm. Es kommt dabei natürlich ganz darauf an, was wir in der Schublade lagern. Manche Leute bestreiten ihren ganzen Lebensunterhalt dadurch, dass sie Videoaufnahmen von ihrer Sockenschubladenorganisation ins Internet stellen. Die Wahrnehmung dessen, was privat ist, ist, obwohl es allgemeine gesellschaftliche

Konventionen gibt, zugleich individuell, und mit Aufkommen der sozialen Medien hat sich dieses Verständnis zum Teil verschoben.

Institutionell geschützt ist das Geheimnis beispielsweise in Form des Briefgeheimnisses, des Bankgeheimnisses, des Betriebsgeheimnisses, Staaten verfügen über Geheimdienste, als Verschwiegenheitspflicht ist es Teil des Berufs von Ärzten, Anwälten und Pfarrern – hier besonders im Sinne des Beichtgeheimnisses. Die Verletzung dieser Geheimhaltungspflichten ist mit Strafe verbunden, die mitunter sehr hoch ausfällt, weil ein Verrat einem Mord gleichkommen kann: er kann den sozialen Tod bedeuten. Wir haben uns also als Gemeinschaft darüber verständigt, dass die Verhüllung gewisser Bereiche vor der Öffentlichkeit im Interesse aller ist, das Geheimnis hat seinen Platz in der Gesellschaft. Wenn es um den Eingriff in den Bereich des Privaten geht, etwa durch Datensammlung oder Videoüberwachung, hört man oft das Argument, dass jemand, der »nichts zu verbergen« habe, sich auch nicht daran stören müsse. Dabei ist dies bei der Bewahrung privater Räume und der Verschwiegenheit über bestimmte Daten gar nicht der springende Punkt. Vor Jahren, im Wartezimmer meiner Gynäkologin sitzend, hörten die anderen Wartenden und ich die Sprechstundenhilfe zu einer Patientin am Tresen sagen: »Ach, also Ihre Urinwerte waren ja wieder eine Katastrophe!« Niemand im Zimmer hielt die Tatsache selbst für verwerflich, das konnte ich an den Gesichtern der anderen ablesen, sondern es war die Enthüllung, die uns alle sofort unangenehm berührte, die fehlende Diskretion der Angestellten. Wir hatten Mitleid mit der Patientin, die hochroten Kopfes aus der Praxis stürmte, und waren gleichzeitig unangenehm berührt, weil wir wussten, dass ihre Werte uns nichts angingen, nicht weil sie moralisch verwerflich seien und daher »zu verbergen«, sondern weil wir unfreiwillig in ihre Privatsphäre gedrängt worden waren.

Jedes Geheimnis stellt auch die Frage nach seiner Enthüllung. Den Menschen scheint der Drang danach eingeschrieben zu sein, Unbekanntes zu erforschen hat uns in dieses Zeitalter gebracht, und neben der reinen Neugier scheint der Enthüllung auch eine Lust anzuhaften. Wir finden diese Lust in der Klatschpresse, die sich täglich auf die neuesten Informationen über das Privatleben Prominenter stürzt: der Seitensprung in der Besenkammer, die Trennung und der darauffolgende Rosenkrieg, die Suchterkrankung und ihre Begleiterscheinungen bedienen den Voyeurismus der Menschen. Eine andere populäre Unterhaltungssparte ist der Blick in den noch tieferen Abgrund. Im Podcast »Tabubruch« berichten Menschen über schwere Erkrankungen, Trauer oder Sexarbeit. True Crime-Formate wie »Mordlust«, »Macht und Millionen« und »Zeit Verbrechen« reihen sich ein in das Murder Mystery- und Kriminalgenre, das die Lüftung von Geheimnissen zum Mittelpunkt hat, und geben ihm einen realitätsbezogenen Twist, mit dem wir uns noch ein bisschen mehr gruseln können, denn wir schauen in die Wirklichkeit: in die dunkelsten Ecken der menschlichen Psyche.

Dazu hat sich noch eine ganze Sparte der Preisgabe im Internet entwickelt, die schon erwähnte Sockenschublade ist ein Beispiel, Confession-Videos, Storytimes, und beim Meme *I remember when I lost my mind* veröffentlichen Leute Aufnahmen ihres 12-jährigen Ichs, das sich die Aufmerksamkeit seines Schwarms erhofft, als es mit unsicherer Mimik seinen Lieblingssong in die pixelige Webcam singt. Fremdscham durch Selbstenthüllung! Man kann argumentieren, dass es der Aufmerksamkeitsökonomie in die Karten spielt – heftige Emotionen bringen heftige Reaktionen des Publikums. Darüber hinaus ist der Effekt noch ein anderer: wir fühlen uns weniger allein. Der Klatsch und Tratsch, so verurteilenswert die Vorgehensweise der Industrie dahinter oft ist, bringt uns im besten Fall am Beispiel anderer Menschen über uns selbst ins Gespräch. Wir handeln über die Lebensereignisse prominenter Personen auch aus, was die moralischen Vorstellungen sind, auf die wir uns einigen, welche Werte uns wichtig sind. Und das Karaoke-Video einer anderen Person macht uns deutlich: ich war damals gar nicht so komisch, wie ich dachte. Peinlichkeit oder Momente des Scheiterns gehören zum Leben.

Denn dass wir Dinge für uns selbst behalten, kann zu kognitiven Verzerrungen führen, weil wir ohne den Austausch mit anderen die Gewichtung dessen, was wir geheim halten, mitunter nicht mehr einschätzen können. So sehr das Geheimnis notwendig ist, um sich als Individuum zu begreifen, so sehr darin die eigene Kraft erlebbar wird, eine Macht, nicht im Sinne der Unterjochung, sondern der eigenen Wirksamkeit Grenzen zu ziehen und sie zu schützen – so sehr kann es einen ebenso auf unerträgliche Weise von anderen Menschen entfremden. Ein Fall aus dem Podcast »Zeit Verbrechen«[1] zeigt das anschaulich:

Maik I. ist Mitte vierzig und lebt schon sein ganzes Leben in einem nordrheinwestfälischen Dorf, er hat eine Partnerin und eine kleine Tochter, ist im Ort beliebt, weil er sich im Fußball engagiert, und hoch angesehen, weil er als Jurist bei Audi arbeitet. Die Wahrheit ist jedoch, dass er sich seit 16 Jahren als Bankräuber betätigt. Den Job bei Audi gibt

---

[1] Zeit Verbrechen Folge 79: Das Doppelleben des Herrn Mustermann. Online verfügbar unter: https://www.zeit.de/gesellschaft/2021-04/bankraub-maik-i-doppelleben-familie-jurastudium-verbrechen-podcast

es nicht, das Studium hat er nie abgeschlossen. Die Geschäftsreisen, auf denen ihn seine Frau wähnt, dienen der Auskundschaftung verschiedener Bankfilialen. Sein Vater, ein Familientyrann, wollte ihm zu Beginn des Studiums den BAföG-Antrag nicht ausfüllen, er stürzt sich in Schulden, verliert an der Universität den Anschluss und bricht das Studium schließlich ab. Er öffnet sich niemandem, begeht einen Suizidversuch und beschließt irgendwann, im Gefühl vollends in die Enge getrieben zu sein, den nächstgelegenen Kiosk zu überfallen. In seiner Wahrnehmung gab es nur noch zwei Möglichkeiten: sein Leben zu beenden oder einen Überfall zu begehen. Aus dieser Kurzschlusshandlung erwächst ein ganzes Doppelleben. Maik I. ist der Überzeugung, keinen anderen Ausweg zu haben. Als sein Geheimnis gelüftet wird, erleichtert ihn das. Seine Verhaftung ist für ihn ein Befreiungsschlag. Maik I.s Lebenslüge ist ein anschauliches Beispiel für die Auswüchse, die eine Geheimhaltung aufgrund einer kognitiven Verzerrung annehmen kann. Das Scheitern an einem Studium ist keine schöne, aber doch eine weit verbreitete Lebenserfahrung, über die er hätte hinwegkommen können, wäre er nicht (wahrscheinlich durch die erlebte Gewalt) so überzeugt davon gewesen, ohne den äußeren Schein unrettbar verloren zu sein.

Die häusliche Gewalt selbst war wahrscheinlich schon das erste Geheimnis, das es zu wahren galt. Es fällt unter jene, um deren Verborgenheit sich Menschen aus Gründen der moralischen Sanktion, aus Scham, Schuld, Angst oder mit dem Bestreben um den eigenen Vorteil bemühen. Was als solches empfunden wird, richtet sich nach der Skrupulosität jedes einzelnen. Unzählige Familien legen eine Decke des Schweigens über die Dinge, die sich hinter ihren Türen abspielen, weil sie sich schämen, weil sie den Status quo beibehalten, weil sie selbst die Tragweite nicht wahrhaben, weil sie sich nicht mit ihrer eigenen Schuld konfrontieren wollen. Neben den prügelnden Vätern, den suchtkranken Müttern, den pädophilen Onkeln, der verschleierten Abstammung der Kinder, der verschwiegenen terminalen Krankheit der Großmütter hat das Familiengeheimnis insbesondere in Deutschland noch eine historische Dimension und einen anderen Stellenwert. Die Erzählungen über nahe oder entfernte Verwandte, die sich während der NS-Zeit im Widerstand betätigten, gehen in vielen Familien um. Untersuchungen belegen, dass diese von vielen angenommene Wahrheit nicht mit der Zahl der tatsächlichen Widerstandskämpfer übereinstimmen kann.[2] Auch über das Verschweigen von Täterschaft, das zum Großteil in Familien der Nachkriegszeit stattfand, und dessen Effekte gibt es genügend Forschung und Literatur.[3] Bis heute sehen viele Nachgeborene der dritten und vierten Generation eine seltsam dunkle Stelle vor sich, wenn sie sich fragen, was der Groß- oder Urgroßvater zwischen 1933 und 45 getan hat.

»Die Wahrheit kommt immer ans Licht«, so lautet ein Glaubenssatz, mit dem die allermeisten Menschen auf die Welt kommen

---

[2] Christian Staas: Das Ende der Selbstgewissheit. In: Die Zeit Nr. 19/2020, 28.04.2020. Online verfügbar unter: https://www.zeit.de/2020/19/erinnerungskultur-nationalsozialismus-aufarbeitung-deutschland-rechtsextremismus-umfrage

[3] Ein populäres Beispiel ist das Sachbuch »Die vergessene Generation – Die Kriegskinder brechen ihr Schweigen« von Sabine Bode.

und den sie sich bewahren, auch wenn sie es bewusst vielleicht nicht merken. Gerechte-Welt-Glaube nennt sich dieses Konzept. Jeder, dessen Weltbild schon einmal ins Wanken geraten ist, wird nachvollziehen, dass wir diesen naiv anmutenden Glauben im täglichen Leben brauchen, um bei Verstand in der Welt existieren zu können. »Die Wahrheit kommt immer ans Licht« ist dann ein Satz, der verspricht, dass am Ende aller Dinge eine ultimative Gerechtigkeit stünde, dass die Welt grundsätzlich nach den *richtigen* Prinzipien funktioniere, eine Art Jenseitsglaube, dem selbst die, die normalerweise über jede Verlagerung der Hoffnung in ein Jenseits schimpfen, anheimfallen. Dabei muss man nur einmal über die Straße gehen, um sich bewusst zu werden, dass nicht jeder »bekommt, was er verdient«, was auch immer das heißen soll. »Die Wahrheit kommt immer ans Licht« ist ein Trost für jeden, der sich in einer ungerechten Lage befindet. Derselbe Satz ist eine Drohung für den, der mit einem Geheimnis lebt. »Ich nehme es mit ins Grab« stellt ein solcher Mensch ihm entgegen.

Es gibt auch jene Geheimnisse, die nichts mit Schuld zu tun haben und deren Enthüllung wir trotzdem versuchen zu verhindern. Das können Anteile unseres Selbst sein, die wir als ungehörig wahrnehmen, weil uns vermittelt wurde, dass man sich ihrer schämen müsse.

Das Verleugnen der eigenen Sexualität ist dafür ein Beispiel. Im Januar 2022 trat die Initiative »Out in Church« an die Öffentlichkeit. Ein Film dokumentierte die Geschichte ausgewählter Beteiligter. »Die Entdeckung der eigenen sexuellen Orientierung ist ganz häufig verbunden mit der Frage: Bin ich denn der Einzige? Und gleichzeitig, indem du schweigst, trägst du auch bei anderen dazu bei«, sagt Jesuitenpater Ralf Klein darin. Die Aktion der Beteiligten zeigt eindrücklich, wie das geteilte Geheimnis Menschen nicht entzweit, sondern zusammenbringt. Die Entscheidung diese teils lebenslang gehüteten Geheimnisse öffentlich zu machen, führte in den konkreten Fällen dazu, dass die Menschen in den jeweiligen Umfeldern ihnen näherkamen, weil sie eine weitere Seite von ihnen kennenlernten und die oft vermutete Ablehnung in vielen Fällen ausblieb. Im Abstrakten führte die Offenbarung zu einem gesamtgesellschaftlichen Gespräch und zur Inspiration für viele andere gläubige Menschen zu ihrer Identität zu stehen.

Vorausgegangen ist dem freilich die jahrhundertelange Geschichte eines massiven Eingriffs in die Intimsphäre durch eine machtvolle Institution, die sich einerseits im Beichtgeheimnis dem pietätvollen Umgang mit Geheimnissen und im Glauben ganz grundsätzlich der Menschenwürde verpflichtet, und sich andererseits, im Hinblick auf die in den letzten Jahrzehnten bekannt gewordenen Missbrauchsfälle, durch Vertuschung schuldig gemacht hat. Das Prinzip der Geheimhaltung ist hier derart pervertiert worden, dass es den Mitgliedern dieser Institution teils unmöglich gemacht wurde, in einem solchen Spannungsfeld aus Verleugnung von Sexualität und gleichzeitigem Verschleiern sexualisierter Gewalt zu existieren. Beide Felder wurden dabei als Erpressungsmittel benutzt, sowohl Missbrauchsopfer als auch homosexuelle oder transgeschlechtliche Menschen mussten ihre Bloßstellung fürchten.

Ob es der unterm Tisch weitergereichte Zettel in der Unterrichtsstunde oder das behördliche Schreiben ist, das heimliche Treffen mit Freunden, die konspirative Zusammenkunft von Staatsträgern oder die Lebenslüge über den erreichten Universitätsabschluss – all diese Beispiele eint, dass sie Fakten, Tatbestände, Zusammenhänge, Inhalte oder Gegenstände bezeichnen, die nur einer einzelnen Person oder einem geschlossenen Kreis bekannt sind, aber grundsätzlich gelüftet werden *können*, entschlösse sich jemand dazu, sie an die Öffentlichkeit zu bringen. Diese Art der Geheimnisse lässt sich unter dem lateinischen Begriff *secretus* zusammenfassen, das etwas Abgesondertes, Getrenntes oder Verborgenes beschreibt. Im 12. Jahrhundert taucht es als *segreda* oder *segretus* im Sprachgebrauch auf und bezeichnet ursprünglich die Trennung von Spreu und Weizen[4]. Im Aufkleber mit

---

[4] Anne Dufourmantelle: Verteidigung des Geheimnisses. Diaphanes Verlag, Zürich, 2021. S. 21

dem Schriftzug *Top Secret* findet es sich wieder: ein Buch, das geöffnet, ein Geheimnis, das gelüftet werden kann.

Demgegenüber stehen jene Geheimnisse, die sich der Enthüllung gänzlich entziehen. Es sind jene, die nicht aus zurückgehaltenen Informationen bestehen, nicht aus einer Sammlung von Fakten, die man benennen könnte, sondern sich um die letzten Fragen unserer Existenz drehen. Sie beziehen sich auf den Ursprung des Lebens und der Welt wie auch ihre Endlichkeit; auf ein Sein jenseits des von uns Wahrnehmbaren; auf abstrakte Begriffe wie die der Liebe, der Hoffnung, der Wahrheit, letztlich auch die Frage nach Gott, der Seele, dem Metaphysischen, dem Numinosen. Es sind Geheimnisse, die ihrem Wesen nach nie vollständig gelüftet werden können. Diese Art lässt sich in Analogie zu dem Begriff des *secretum* unter das Lateinische *occulta* subsumieren. Der griechische Begriff, der sich bei der Beschreibung solcherlei Geheimnisse eher durchgesetzt hat (wohl auch, weil »okkult« im heutigen Sprachgebrauch die Konnotation des Schwarz-Magischen trägt), ist der der

Mystik. Etymologisch von *myein* stammend, bedeutet er so viel wie »sich schließen«. Er enthält somit bereits das Bedeutungsfeld des Verschlossenen und Unzugänglichen. Darüber hinaus klingt hier auch die Dimension der innerlichen Erfahrung an, um die zu erlangen, der Mensch seine Augen und den Mund verschließt.[5] Die Prägnanz sowie Popularität des Begriffs Mystik täuscht darüber hinweg, dass das theologisch-philosophische Gebiet, das sich mit seinen Gegenständen beschäftigt, breit und eine allgemeingültige Definition in der Forschung streitbar ist.[6] Schon allein die Vielfalt mystischer Bereiche in den verschiedenen Kulturkreisen und Religionen legt das nahe. Um dennoch einen Einblick zu geben, wie die Beschäftigung mit dem Geheimnis im Sinne der Mystik aussehen kann, will ich im Folgenden einen kleinen Ausschnitt aus der christlichen Tradition heranziehen.

---

5 Gerhard Wehr: Christliche Mystiker. Von Paulus und Johannes bis Simone Weil und Dag Hammarskjöld. Verlag Friedrich Pustet, Regensburg, 2008. S. 8
6 Volker Leppin: Die christliche Mystik. Verlag C.H. Beck, München, 2007. S. 8

Allgemein lässt sich zunächst sagen, dass sich die christliche Mystik mit unmittelbaren Gottes- und Jenseitserfahrungen beschäftigt. Das Heilige, auf das sie sich beziehen, ist in seiner Wortbedeutung mit dem Geheimnis verwandt. Heilig, das ist etwas Vollkommenes, es ist in sich geschlossen und so abgesondert von allem anderen. Gott, der laut biblischem Verständnis heilig ist, ist damit nicht nur vollkommen, sondern auch als das ganz Andere definiert. Oft wird bei diesen Erfahrungen die Vereinigung des Ichs mit dem Jenseitigen erlebt – die *unio mystica*. Unmittelbar sind diese Erfahrungen, weil sie das Individuum direkt erreichen, ohne eines Priesters, einer Institution oder eines rational vermittelten Dogmas zu bedürfen. Sie werden als Erfahrung bezeichnet, weil sie mittels der Sinne – durch Visionen, auditive Erlebnisse, somatische Eindrücke – statt mittels theoretischer Auseinandersetzung des Verstands durchlebt werden. Dadurch verheißen sie eine besondere Authentizität, einen unverstellten Blick auf die Natur Gottes. Mystische Texte beschreiben oft ekstatische Ausnahmezustände, betonen aber gleichzeitig, dass diese Beschreibung eigentlich ungenügend sei, weil die Erfahrung den Rahmen der Sprache sprenge. Diese Zustände und Erfahrungen scheinen sich also dadurch auszuzeichnen, dass sie zwar unaufhörlich in die Sprache drängen, sich ihr aber gleichzeitig entziehen.[7]

Im Mittelalter wurden solcherlei Erfahrungen entscheidend durch die Zeugnisse von Frauen vermittelt. Im 11. Jahrhundert entstand die Beginenbewegung, die sich einem anderen Lebenskonzept, als es die Rolle der Frau damals vorsah, verschrieben hatte und deren Mitglieder dem Ideal der Armut folgend als Wanderinnen unterwegs waren. Eine von ihnen, Mechthild von Magdeburg, beschreibt in ihrem um 1250 entstandenen Buch *Das fließende Licht der Gottheit* ihre Erfahrung in dialogischer Form. Gott und die Seele kreisen dabei umeinander im Gespräch. Eine der prägnantesten Stellen formuliert die mystische Vereinigung beider folgendermaßen:

---

[7] Kurt Ruh: Geschichte der abendländischen Mystik. Erster Band. Die Grundlegung durch die Kirchenväter und die Mönchstheologie des 12. Jahrhunderts. Verlag C.H. Beck, München, 1990. S. 13 ff.

So geht nun die Allerliebste zu dem Allerschönsten in die verborgenen Kammern der heilig-unschuldigen Gottheit. Da findet sie das Bett der Minne, der Minne Gemach findet sie, und Gott, menschenzugewandt, ist hierfür bereit.

Da spricht unser Herr – und die Seele antwortet:
Haltet an, Fraue Seele!
Was gebietest du, Herr?
Ihr sollt nackt sein!
Herr, was soll mir geschehen?

Frau Seele, Ihr seid so in meine Natur hineingestaltet, dass zwischen Euch und mir nichts (Hinderndes) mehr sein kann. Es war nie ein Engel je für so erhaben gehalten, dass ihm für dergleichen auch nur eine Stunde gewährt worden wäre. Darum sollt Ihr von Euch ablegen beides, Furcht und Scham samt allen nur auswendigen Tugenden. […]

Herr, nun bin ich eine nackte Seele
und du in dir ein wohlgezierter Gott,
und unsere Zwei-Gemeinschaft
eine Liebe ohne Tod.[8]

Die Erfahrung der Vereinigung mit Gott, der Vorgang der *unio mystica*, wird hier als eine

---

[8] Mechthild von Magdeburg: »Das fließende Licht der Gottheit« und Kommentar von Gerhard Wehr. marixverlag, Wiesbaden, 2010. S. 75 f.

Liebesmystik beschrieben, die sich der Tradition der Minnedichtung bedient. Gott und Seele sind hier als Braut und Bräutigam dargestellt. Wo eine Sehnsucht des Menschen nach Gott noch eine sehr geläufige Vorstellung ist, besteht die Besonderheit hier darin, dass auch Gott sich nach dem Menschen sehnt. In Metaphoriken der Erotik beschreibt Mechthild die Verschmelzung beider und bezieht so die Sexualität in den Rahmen der mystischen Erfahrung mit ein. Das Geheimnis, um das es in diesem Text geht, findet sich hier im Sinnlich-Erotischen.[9]

Texte, die sich mit der Mystik beschäftigen, müssen jedoch nicht notwendigerweise die Folge persönlicher Erfahrung sein. Meister Eckhart, ein nachgeborener Mechthilds, Dominikanermönch im 14. Jahrhundert, wird zwar meistens in einem Atemzug mit christlicher Mystik genannt, seine Predigten und Traktate sind aber eher philosophische Auseinandersetzungen denn unmittelbare Erfah-

---

9 Kurt Ruh: Geschichte der abendländischen Mystik. Zweiter Band. Frauenmystik und Franziskanische Mystik der Frühzeit. Verlag C.H. Beck, München 1993. S. 263

rungsberichte.¹⁰ Einer seiner zentralen Gedanken ist die Sohnesgeburt in der Seele.¹¹

> Gott gebiert seinen eingeborenen Sohn jetzt und ewiglich in einer jeden guten, schauenden Seele.
> Er muss es ja tun, es sei ihm lieb oder leid. Ohn Unterlass gebiert der Vater seinen Sohn. Darüber hinaus sage ich: mich gebiert er als seinen Sohn, als denselbigen Sohn. Und noch mehr: er gebiert mich als sich selbst und sich als mich. Er gebiert mich als sein eigenes Wesen, seine eigene Natur. In dem innersten Quell, da quelle ich aus dem Heiligen Geiste; da ist nur *ein* Leben, *ein* Wesen, *ein* Werken.¹²

In diesem Ausschnitt formuliert Eckhart eine bahnbrechende Idee, nämlich die Gleichstellung des Ichs mit dem Gott-Sohn, einem Status, der dogmatisch nur Jesus Christus zuerkannt ist, und geht noch weiter, indem er dem Gott-Vater unterstellt sich selbst als sein Ich (und somit unser aller Ich) zu gebären. Gott

---

10 Kurt Flasch: Meister Eckhart. Die Geburt der »deutschen Mystik« aus dem Geist der arabischen Philosophie, Verlag C.H. Beck, München, 2006. S. 17
11 Volker Leppin: Die christliche Mystik. Verlag C.H. Beck, München, 2007. S. 99
12 Meister Eckhart: Vom Wunder der Seele. Eine Auswahl aus den Traktaten und Predigten. Reclam Universal-Bibliothek Nr. 7319, Stuttgart, 2017. S. 62

wären also wir alle. Eckhart streift in seinen Predigten pantheistische Ideen, was ihm 1326 einen Prozess wegen Häresie einbringt. Dabei lässt sich das obige Zitat auch in Anlehnung an den biblischen Satz des Apostels Paulus lesen: »Ich lebe, doch nun nicht ich, sondern Christus lebt in mir.«[13]

Ein Ort, an dem diese Idee des »Christus in mir« sichtbar wird – die in der christlichen Tradition liturgisch verankerte mystische Gotteserfahrung –, ist das Abendmahl.

Mein erstes Abendmahl nahm ich im Mai 2023 entgegen. In der Kirchenbank sitzend sah ich dabei zu, wie die Liturgie auf die Einsetzungsworte zulief, ein Vorgang, den ich schon ein paar Mal von Weitem beobachtet, an dem ich aber zuvor nie teilgehabt hatte. Der Pfarrer hielt eine Oblate in die Luft: »Unser Herr Jesus Christus, in der Nacht, da er verraten ward, nahm er das Brot, dankte und brach's und gab's seinen Jüngern und sprach: Nehmet hin und esset. Das ist mein Leib, der für euch gegeben wird. Solches tut zu meinem

---

[13] Der Brief des Apostels Paulus an die Galater, Kapitel 2 Vers 20. Zitiert nach der Lutherbibel 2017.

Gedächtnis.« Danach hielt er den goldenen Kelch: »Desgleichen nahm er auch den Kelch nach dem Abendmahl, dankte und gab ihnen den und sprach: Nehmet hin und trinket alle daraus, dieser Kelch ist der neue Bund in meinem Blut, das für euch vergossen wird zur Vergebung der Sünden. Solches tut, sooft ihr's trinket, zu meinem Gedächtnis.«

Zum Schluss sprach er den Zuruf: *Geheimnis des Glaubens*. Die Gemeinde antwortete unisono: »Deinen Tod, oh Herr, verkünden wir, und deine Auferstehung preisen wir, bis du kommst in Herrlichkeit.« Mit den anderen Gemeindemitgliedern trat ich in den Mittelgang, bewegte mich auf den Altarraum zu und stand schließlich auf der Kanzel- bzw. Traubensaftseite. Eine erwartungsvolle Stille herrschte in dem Kreis aus Menschen. Die einen formten die Hände zu einer kleinen Schale, in die die Oblate gelegt wurde, andere warteten noch mit durchgestrecktem Rücken und einem würdevoll in die Weite schweifendem Blick. Bei mir angekommen blickte der Gottesdiensthelfer mir in die Augen, bevor er mir die Oblate in die Hand legte: »Christus für dich.« Ich murmelte ein Amen und legte mir den dünnen Streifen auf die Zunge.

Das *Geheimnis des Glaubens*, das im Abendmahl sichtbar wird, ist die unmittelbare Gegenwart Christi. Und noch ein Stück weiter: es ist die Vereinigung des glaubenden Menschen mit Christus. Mit der Entgegennahme von Brot und Wein wird konkret, was im oben zitierten Bibelwort des *Christus in mir* gesagt ist. Es ist dies die *unio mystica*, die sich in der rituellen Handlung vollzieht – und fühlt sie sich auch noch so profan an: der dünne Streifen Weizen, der mir am Gaumen klebte, der Traubensaft, der im Hinterzimmer aus einem Tetra Pak in den Kelch gegossen worden war, meine leicht schwitzige Hand, die zum Schluss die meines Nachbarn griff (hoffentlich war es ihm nicht allzu unangenehm), um ihm Frieden zu wünschen. Hier wird das Heilige im Profanen körperlich erfahrbar, es schwappt vom Geistlichen hinüber in die materielle Welt. Auch die Worte, die dabei gesprochen werden, gleichen einer Handlung. Die Sprache versucht hier nicht, wie es in der Liebesmystik Mechthilds oder den Predigten Eckharts geschieht, sich der mystischen Erfahrung anzunähern, sie aus zweiter Hand nachvollziehbar zu machen, sondern sie ist selbst Akteur dieses Vorgangs. Die Einsetzungsworte rücken Christus in die Gegenwart; der Zuspruch »Christus für dich« bestimmt den Empfänger zur Teilhabe.

»Das Wort« im biblischen Sinne besitzt eine weitreichendere Dimension als dasjenige, das wir im Alltag sprechen. Im Schöpfungsmythos des ersten Buch Mose ist es das Wort, durch das Gott die Welt erschafft: »Und Gott sprach: Es werde Licht! Und es ward Licht«[14]. In Korrespondenz dazu steht der Anfang des Johannesevangeliums:

> Im Anfang war das Wort, und das Wort war bei Gott, und Gott war das Wort. Dasselbe war im Anfang bei Gott. Alle Dinge sind durch dasselbe gemacht, und ohne dasselbe ist nichts gemacht, was gemacht ist. [...] Und das Wort ward Fleisch und wohnte unter uns, und wir sahen seine Herrlichkeit, eine Herrlichkeit als des eingeborenen Sohnes vom Vater, voller Gnade und Wahrheit.[15]

---

14 1. Buch Mose, Kapitel 1 Vers 3. Zitiert nach der Lutherbibel 2017.
15 Das Evangelium nach Johannes, Kapitel 1 Vers 1 bis 3 und 14. Zitiert nach der Lutherbibel 2017.

Das Wort, das griechische *logos*, wie es im Originaltext heißt, bedeutet die Sprache im Ganzen, aber auch die Vernunft und den Sinn. In diesem Verständnis ist das Wort nicht nur ein Ausspruch, keine Chiffre und kein Verweis, sondern etwas Wirksames, ja Schöpferisches.

In all diesen Beispielen mystischen Erlebens und seiner Schriften klang schon an, was nun sehr deutlich wird: dass die Frage nach dem Geheimnis auch eine Frage nach der Sprache ist. Es ist die Frage, wie über etwas zu sprechen ist, das seiner Natur nach verhüllt bleibt; ob denn unsere Sprache sich überhaupt dazu eignet, irgendetwas von Gehalt über die Welt auszusagen. Diese Fragen wurden bereits zum Ende des 19. Jahrhunderts von philosophischen Strömungen der Sprachskepsis aufgeworfen.

Ludwig Wittgenstein unternahm daran anknüpfend in seinem *Tractatus logico-philosophicus* den Versuch die Grenzen des Sprechens auszuloten und eine Sammlung wissenschaftlicher Sätze anzulegen, die sich eigneten eine Aussage über die Welt zu treffen. Beginnend mit 1: »Die Welt ist alles, was der Fall ist« versucht Wittgenstein im Folgenden seiner

Grundidee auf die Schliche zu kommen, dass alle philosophischen Probleme letztlich Sprachprobleme seien, weil die meisten Sätze, die wir zur Benennung dieser Probleme heranziehen, unlogisch und daher sinnlos seien. Berühmt ist der letzte Satz, Nummer 7, die Folgerung: »Worüber man nicht sprechen kann, darüber muss man schweigen.« Das Verschwiegene scheint dabei durch seine Auslassung fast monumental in der Mitte des Werks zu stehen. Im Satz 6.522 des *Tractatus* formuliert er es so: »Es gibt allerdings Unaussprechliches. Dies *zeigt* sich, es ist das Mystische.«[16]

Wo ist dieses *Zeigen*? Im Abendmahl haben wir ein Beispiel.

Ein anderes ist die Literatur. Wittgenstein selbst hat sich nicht besonders zur Literatur geäußert, dennoch ist er gemeinhin als der »Philosoph der Dichter und Komponisten, Dramatiker und Romanciers«[17] bekannt. Sei-

---

16 Ludwig Wittgenstein: Werkausgabe Band 1. Tractatus logico-philosophicus, Tagebücher 1914–1916, Philosophische Untersuchungen. Suhrkamp Verlag, Berlin, 2014. S. 85
17 John Gibson und Wolfgang Huemer (Hg.): Wittgenstein und die Literatur. Suhrkamp Verlag, Frankfurt am Main, 2006. S. 12

ne Überlegungen sind für alle Menschen von Bedeutung, weil alle sich in der Sprache bewegen – für jemanden, der schreibt, nehmen sie jedoch schnell existentielles Ausmaß an. Im Alltag können wir vielleicht noch darüber lachen, es ignorieren, es wegwischen mit einem »ach, grübel nicht so viel«. Jemand, der es ernsthaft mit der Literatur versucht, muss sich früher oder später fragen, ob und über was er da eigentlich versucht eine Aussage zu treffen. Und er muss sich damit begnügen, dass er diese Frage nicht beantworten kann.

Denken wir an geheimes Schreiben, so fällt uns vermutlich zuerst das Tagebuch ein. Ein *Top Secret* Aufkleber und ein Schloss dazu: fast jedes Mädchen meiner Generation hatte wahrscheinlich ein ähnliches Buch zu Hause liegen, denn so gut wie alle als Jugendtagebücher ausgewiesenen Kladden wurden mit Blick auf junge Mädchen vermarktet. Das hat eine längere Tradition, der Ort weiblichen Schreibens waren die privaten Aufzeichnungen, allenfalls Briefe, die sich in der Wahrnehmung männlicher Schreibender nicht mit Menschheitsthemen, sondern mit nichtigen Gefühlsduseleien beschäftigten. Dabei sind auch hier christliche Mystikerinnen Pionierinnen für das Medium gewesen, das später über das reine historische Logbuch hinauswies und aus der Hand vieler Schreibender durch ihre privaten, nicht zur Veröffentlichung bestimmten Bekenntnisse, Reflexionen und Beobachtungen Aufschluss sowohl über das subjektive Menschsein als auch das übergeordnete Zeitgeschehen gab. Im Tagebuch der Anne Frank, vielleicht das berühmteste Tagebuch überhaupt, haben wir die Stimme eines jungen Mädchens, die über die belächelnde Vorstellung dessen, was ein pubertäres Tagebuch zu sein hat, hinausweist und gerade in seiner Verbindung von jugendlicher Empfindung und Verortung in Gesellschaft und Zeitgeschehen ein Zeugnis von unermesslichem Wert für kommende Generationen rund um den Globus bildete. Trotzdem sind Mädchentagebücher gemeinhin verlacht, obwohl die Vorstellung der sanften Gefühle, der naiven Überlegungen und schambehafteten Notate über Schwärmereien oft nicht der Realität entsprechen. »Ich hasse meine Eltern«[18] ist dabei ein viel realistischerer Satz, und das Tagebuch der Ort, an dem Mädchen ihre heilige Wut herauslassen, ganze Seiten so lange mit Füllerspitzen bearbeiteten, bis sie durchreißen, mit Rachephantasien spielen, Feindeslisten schreiben und auf den rosa Seiten ein Logbuch über den Body-Horror ihrer sich verändernden Physiognomien führen. Das Diddl-Tagebuch ist von der Sprachmystik gar nicht so weit entfernt. Es ist der erste Ort, an dem sich ein neues Ich über sich selbst gewahr wird, ist, wie eingangs bereits gesagt, eine Abgrenzung, die ein Kind zu einer Heranwachsenden macht, es als eigenes Wesen, abgenabelt von den Wünschen und Vorstellungen der Erziehungsberechtigten, ausweist. Hier drängt es in die Sprache. Jeder wird sich erinnern, wie mühsam das war, wie die Persönlichkeit sich manchmal stündlich zu ändern schien, wie auch die Tagebuchseiten davon zeugten, weil an einem Tag X und am anderen Y die große Liebe war, und das Vokabular, das

---

18 Eva Demski: Zettelchens Traum oder »Warum sollte der Mensch nicht sein Geheimnis haben? Oder ein Tagebuch?«. Frankfurter Vorlesungen. Schöffling & Co., Frankfurt am Main, 1999. S. 16

einem zur Verfügung stand, die Neuformatierung des eigenen Gehirns zu beschreiben, nie ganz zu reichen schien. »Niemand versteht mich«, der hilflose Satz, der sich in jedem dieser Bücher finden wird und der die Spannung dieser Zeit ausdrückt: unbedingt dazugehören und sich gleichzeitig von allen unterscheiden zu wollen. Der Wunsch des sozialen Wesens, der hier erwacht und sich aus der Symbiose des kindlichen ersten Umfelds löst. Das Tagebuch fasst den Text, in dem das Ich sich selbst und seinen Standpunkt in der Welt sucht, den Blick schärft, sich ergreift und sich doch immer wieder abhanden kommt.

Es ist der Ort des Geheimnisses der eigenen Identität, an dem das Ich sich nicht zu erschaffen braucht und sich doch ständig schafft,[19] an dem es sich hinter seiner Form verbirgt und ungreifbar macht, in dem es sich, zumal im Jugendtagebuch, zu definieren versucht und sich doch nur in sich schnell wieder verflüchtigenden Schlaglichtern zu Gesicht

---

19 Vgl. hierzu auch Ingeborg Bachmann: Frankfurter Poetik-Vorlesung III: Das schreibende Ich. In: Dies.: Werke Band 4. Essays, Reden, Vermischte Schriften. Piper Verlag, München, 1984. S. 224 f.

bekommt, indem es seinen Abgrund versucht auszuleuchten, bis dato Unaussprechliches in seine Kinderschrift bringt: »Ich hasse meine Eltern!«, und auf der nächsten Seite schon wieder die Widrigkeiten des Alltags notiert, ob der Bus zu früh war, ob es geregnet hat, und erkennt, dass kein Zustand final ist, dass ein Mensch zu sein bedeutet, in der Liminalität zu existieren, sich ständig in Grenzsituationen zu befinden, ständig in Übergängen vom einen Zustand in den nächsten begriffen zu sein. Das eigentliche Geheimnis sind nicht die intimen Notate, die hinter den Buchdeckeln verborgen sind, sondern das Erleben des Ichs als Schwellenwesen.

Meine Überzeugung ist: jedes Schreiben entspringt dem Geheimnis. Es hat seine Ursache darin, weil das Erleben der Welt immer auch mit dem Erleben ihrer Grenzen einhergeht. Stoßen wir an eine solche Grenze, machen wir eine Erfahrung, für die wir keine Worte haben. Die angemessene Reaktion auf eine solche Erfahrung ist das Staunen. Wir müssten mit offenem Mund dastehen und kein Wort herausbringen. Dennoch ein Wort formulieren zu wollen, zu glauben, sich ihm mittels der Sprache zumindest asymptotisch annähern zu können, das ist die Grundhoffnung eines Schreibenden.

Ein Text, der abseits des Tagebuchs eine solche Annäherung leistet und gleichzeitig die entzweiende Wirkung eines Geheimnisses, wie ich sie schon oben beschrieben habe, zum Gegenstand hat, ist die sehr kurze Erzählung »Heimkehr« von Franz Kafka. Ein Ich kehrt darin zum alten Hof des Vaters zurück, betrachtet die Gerätschaften in seiner Mitte, die teils den Weg versperren, und bahnt sich doch den Weg bis zur Küchentür; Rauch aus dem Schornstein zeigt an, dass jemand dahinter zu Hause ist.

> Und ich wage nicht an die Küchentür zu klopfen, nur von der Ferne horche ich, nur von der Ferne horche ich stehend, nicht so, dass ich als Horcher überrascht werden könnte. Und weil ich von der Ferne horche, erhorche ich nichts, nur einen leichten Uhrenschlag höre ich oder glaube ihn vielleicht nur zu hören, herüber aus den Kindertagen. Was sonst in der Küche geschieht, ist das Geheimnis der dort Sitzenden, das sie vor mir wahren. Je länger man vor der Tür zögert, desto fremder wird man. Wie wäre es, wenn jetzt jemand die Tür öffnete und

mich etwas fragte. Wäre ich dann nicht selbst wie einer, der sein Geheimnis wahren will.[20]

Was diese Geheimnisse sind, die die Personen im Haus und das Ich mit sich tragen, bleibt verhüllt; die Handgriffe bei der Zubereitung des Kaffees hinter der Tür werden es nicht sein, die Liste der Gegenstände nicht, auch wenn die Gerätschaften auf dem Hof zuvor schon auf etwas verwiesen zu haben schienen – und doch wird es durch ihre Beschreibung deutlich. Im Uhrenschlag *zeigt* es sich. Es ist darin die Erfahrung enthalten, dass eine vergangene Zeit bis in die Gegenwart wirkt, als Nachhall eines Gongs umschrieben. Zugleich enthält er den Anklang einer erfüllten Zeit: dass in der Gegenwart des Ichs eingetreten ist, was »aus Kindertagen« herüberweht. Trotz dessen, dass das Ich die Zeit nicht als linear erlebt, ist im Uhrenschlag doch auch die Vergänglichkeit enthalten, als sei es Mitternacht, die Zeit unweigerlich verronnen und abgelaufen. Und dann ist nicht mal sicher,

---

20 Franz Kafka: Heimkehr. In: Ders.: Sämtliche Werke. Suhrkamp Verlag, Frankfurt am Main, 2008. S. 1208

ob das stimmt. Ob das Ich den Uhrenschlag überhaupt hört oder nur meint ihn zu hören. Das Geheimnis spricht und sagt nichts über sich. Das ist, was der Literatur möglich ist.

Kehren wir noch einmal zurück zum biblischen Verständnis vom *Wort* als ein Wirkendes, Tätiges, Schaffendes, Kreierendes. Findet alles Schreiben seinen Ursprung im Geheimnis – einer neuen Erfahrung, die gemacht wurde, die sich in einem Erfahrenden noch wortlos niedergeschlagen hat und folglich in die Sprache drängt; der Ahnung, dass sie unter der sichtbaren Welt liege und zur Sprache kommen müsse, und dass dies laut der verrückten Hoffnung des Schreibenden auch möglich sei durch Geschichten, durch Beschreibung, durch Lyrik, kurz: durch die literarische Sprache –, so hat es seinen Ursprung (und das ist meine steile These; das ist zumindest so nahe ich einer eigenen Poetik kommen kann) in diesem *Wort*, in diesem Gebären »ohn Unterlass«.

◆

Wir hatten uns um alles Lebendige bemüht, meine Freundin und ich. Die drei Küken waren das Gegenteil – tot wie nur etwas tot sein kann. Wenn das Leben sich durch Veränderung auszeichnet und der Mensch sich innerhalb dessen als Schwellenwesen erlebt, so ist der Tod das Gegenteil: ein unabänderlicher Zustand, an dem sich (zumindest von der diesseitigen Warte aus begriffen) nichts mehr ändert.

Irgendwann mussten diese Körper verschwinden, und ich hatte den würdevollen Umgang mit ihnen längst in den Sand gesetzt, indem ich sie zu meiner eigenen Belustigung an einem Ort versteckt hatte, an dem Tote keine Ruhe finden konnten. Das Vorhaben, sie doch noch unterm Rasen zu beerdigen, kam mir mittlerweile unmöglich vor; als sei der Weg dorthin mit unüberwindbaren Hindernissen verbunden. Mein Geheimnis war zu einer Last geworden, die mich gefangen hielt. Es hatte eine Macht über mich gewonnen, dadurch, dass es uneingestanden war, dass ich mich fortwährend um seine Verschleierung kümmern musste, es zwang mich zum Lügen (»Unter meinem Bett habe ich schon gestern staubgesaugt«), es erfüllte mich mit Scham darüber, ein schrecklicher Mensch zu sein, der Leichenteile unter seinem Bett versteckte – etwas, das unter keinen Umständen an die Öffentlichkeit gelangen durfte. Nach Wochen des Ringens und Haderns mit mir selbst beichtete ich den Fund meiner Mutter. Sie war nicht gerade begeistert, nahm mir den Umschlag aus Matheheftpapier aus der Hand und lief unter Ekellauten damit nach unten zur Restmülltonne. Ansonsten passierte nichts. Es war nicht so schlimm, wie ich gedacht hatte. Meiner Neugier auf die Beschaffenheit organischer Masse ohne enthaltenes Leben musste ich mich nicht schämen, meine Neugier, letztendlich, auf den Tod, den ich durch die eingehende Betrachtung der Vogelkörper zu durchdringen versucht hatte. Die drei Küken waren beides: *secretum* und *occulta*, Geheimnis und Mystik. Sowohl eine Heimlichkeit, die mich von meinem Umfeld abgrenzte, als auch der Versuch das Undurchdringliche zu verstehen. Warum waren die Küken tot und fingen nicht etwa, in der Sicherheit meiner Betthöhle, wieder zu atmen an? Warum existierten ihre Körper, obwohl dasjenige, das sie einmal zum Atmen gebracht hatte, aus ihnen verschwunden war? Wo ist es jetzt? Konnte ich an den verschrumpelten Häuten und dem geplätteten Flaum etwas darüber in Erfahrung bringen, starrte ich nur lang genug darauf? Natürlich nicht. Der Tod entzieht sich unserem Verständnis. Ist Gott das Heilige und damit ganz Andere, scheint der Tod auf eigentümliche Weise damit verwandt zu sein, als der Zustand, der von unserer Existenz als Lebende ebenfalls das ganz Andere ist. Er ist die letzte Grenze, die wir zu überschreiten haben, das letzte Geheimnis, das wir nur lüften können, indem wir eines Tages durch es hindurchgehen. Indem wir seine Erfahrung machen. Nur schreiben werden wir darüber nicht mehr können.

Deniz Ohde, geboren 1988 in Frankfurt am Main, studierte Germanistik in Leipzig, wo sie heute auch lebt. Ihr Debütroman *Streulicht* (2020), der auf der Shortlist des Deutschen Buchpreises stand, wurde mehrfach ausgezeichnet, u. a. mit dem aspekte-Literaturpreis und dem Literaturpreis der Jürgen Ponto-Stiftung. 2024 erschien ihr zweiter Roman *Ich stelle mich schlafend*.

© Literaturverlag Droschl Graz – Wien 2025

Der Verlag behält sich eine Nutzung dieses Werkes für Zwecke des Text- und Data Mining vor, was hiermit Dritten ohne Zustimmung des Verlages untersagt ist.

Umschlag: & Co www.und-co.at

Satz: AD

Druck: Florjančič

ISBN 978-3-99059-183-3

Literaturverlag Droschl Stenggstraße 33 A-8043 Graz
www.droschl.com